MIT
POE

Neruda, *Po*

Pessoa, *42 poemas*

Bukowski, *20 poemas*

Safo

Cernuda, *34 poemas*

Whitman, *¡Oh, Capitán! ¡Mi Capitán!*

Baudelaire, *42 flores del mal*

Kavafis, *56 poemas*

KONSTANTINOS KAVAFIS

Nació en Alejandría en 1863, el noveno hijo de una rica familia de comerciantes griegos, originarios de Estambul. A la muerte del padre, y ante los crecientes problemas económicos, la familia se trasladó a Gran Bretaña. Años después, Kavafis regresó a Alejandría e ingresó como funcionario en el Ministerio de Riegos egipcio, para el cual trabajó hasta 1920. Desde muy joven se dedicó a la poesía: de él nos han llegado 154 poemas, que fueron publicados póstumamente, en 1936, siguiendo el orden cronológico establecido por el poeta. El amor homosexual, a veces sólo implícito pero cargado de una fuerte sensualidad y un cálido erotismo, y la evocación de la antigüedad clásica son algunas de sus características. Kavafis murió en 1933 en Alejandría.

KONSTANTINOS KAVAFIS

56 poemas

Traducción de José María Álvarez

MONDADORI

Selección de Olivia Merckens

marzo 1998

ISBN: 84-397-0209-4
Depósito legal: M-3.319-1998
Impreso y encuadernado en Mateu Cromo
Artes Gráficas, S.A., Ctra. de Fuenlabrada, s/n.
Pinto (Madrid)

56 POEMAS

DESEOS

Como bellos cuerpos que la muerte tomara en
juventud
y hoy yacen, bajo lágrimas, en mausoleos espléndidos,
coronados de rosas y a sus pies jazmines –
así aquellos deseos de una hora
que no fue satisfecha; los que nunca gozaron
el placer de una noche, o una radiante amanecida.

VOCES

Amadas voces ideales
de aquellos que han muerto, o de aquellos
perdidos como si hubiesen muerto.

Algunas veces en el sueño nos hablan;
algunas veces la imaginación las escucha.

Y con el suyo otros ecos regresan
desde la poesía primera de nuestra vida –
como una música nocturna perdida en la distancia.

VELAS

Los días del futuro se alzan ante nosotros
como una hilera de velas encendidas –
doradas, vivaces, cálidas velas.

Los días del pasado quedaron tan atrás,
fúnebre hilera consumida
donde las más cercanas aún humean,
velas frías, torcidas y deshechas.

No quiero verlas; su aspecto me aflige,
me aflige recordar su luz primera.
Miro ante mí las velas encendidas.

No quiero volverme, y estremecerme al contemplar
qué rápidamente se alarga la hilera sombría,
qué rápidamente crece con sus velas ya consumidas.

TERMÓPILAS

Honor a aquellos que en sus vidas
custodian y defienden las Termópilas.
Sin apartarse nunca del deber;
justos y rectos en sus actos,
no exentos de piedad y compasión;
generosos cuando son ricos, y también
si son pobres, modestamente generosos,
cada uno según sus medios;
diciendo siempre la verdad,
mas sin guardar rencor a los que mienten.

Y más honor aún les es debido
a quienes prevén (y muchos prevén)
que Efialtes aparecerá finalmente
y pasarán los Persas.

«CHE FECE... IL GRAN RIFIUTO»

A cada uno le llega el día
de pronunciar el gran Sí o el gran
No. Quien dispuesto lo lleva
Sí manifiesta, y diciéndolo

progresa en el camino de la estima y la seguridad.
El que rehúsa no se arrepiente. Si de nuevo lo
 interrogasen
diría no de nuevo. Pero ese
no –legítimo– lo arruina para siempre.

LAS ALMAS DE LOS VIEJOS

En sus viejos cuerpos ya gastados
moran las almas de los viejos.
Cuánta lástima inspiran
y qué monótona la vida miserable que arrastran.
Mas cómo tiemblan ante la idea de perderla y cómo
idolatran
a esas contradictorias y confusas
almas, que se sostienen –tragicómicas–
bajo su piel correosa.

VENTANAS

En esas habitaciones oscuras donde vivo
pesados días, con qué anhelo contemplo a veces
las ventanas. –Cuándo se abrirá
una de ellas y qué ha de traerme–.
Pero esa ventana no se encuentra, o yo no sé
hallarla. Y quizá mejor sea así.
Quizá esa luz fuese para mí otra tortura.
Quién sabe cuántas cosas nuevas mostraría.

LOS PASOS

Sobre una cama de ébano, adornada
con águilas de coral, duerme profundamente
Nerón – inconsciente, tranquilo y feliz;
floreciendo en la salud de su carne
y en el hermoso ardor de su juventud.
Pero en la estancia de alabastro que cierra
el antiguo templo de los Enobarbos
cuán inquietos están sus Lares.
Tiemblan todos aquellos pequeños dioses
y se esfuerzan por ocultar sus insignificantes cuerpos.
Porque han escuchado un sonido terrible,
un sonido de muerte subiendo la escalera;
pasos de hierro que hacen temblar los peldaños.
Y asustados los miserables Lares
se esconden en los rincones del templo,
uno sobre otro cayendo y tropezando,
un diosecillo sobre otro,
porque saben ya qué imagen es la de ese ruido,
han reconocido el paso de las Erinias.

MONOTONÍA

Sigue un día monótono a otro día igualmente
monótono, idéntico. Las mismas
cosas sucederán de nuevo, una y otra vez –
las mismas circunstancias nos toman y nos dejan.

A un mes sigue otro mes igual.
Lo que vendrá fácilmente se adivina;
serán las mismas cosas de ayer.
Y el mañana nunca parece ese mañana.

ESPERANDO A LOS BÁRBAROS

¿Qué esperamos agrupados en el foro?

  Hoy llegan los bárbaros.

¿Por qué inactivo está el Senado
e inmóviles los senadores no legislan?

  Porque hoy llegan los bárbaros.

¿Qué leyes votarán los senadores?

  Cuando los bárbaros lleguen darán la ley.

¿Por qué nuestro emperador dejó su lecho al alba,
y en la puerta mayor espera ahora sentado
en su alto trono, coronado y solemne?

  Porque hoy llegan los bárbaros.
  Nuestro emperador aguarda para recibir
  a su jefe. Al que hará entrega
  de un largo pergamino. En él
  escritas hay muchas dignidades y títulos.

¿Por qué nuestros dos cónsules y los pretores visten
sus rojas togas, de finos brocados;
y lucen brazaletes de amatistas,

y refulgentes anillos de esmeraldas espléndidas?
¿Por qué ostentan bastones maravillosamente
 cincelados
en oro y plata, signos de su poder?

 Porque hoy llegan los bárbaros;
 y todas esas cosas deslumbran a los bárbaros.

¿Por qué no acuden como siempre nuestros ilustres
 oradores
a brindarnos el chorro feliz de su elocuencia?

 Porque hoy llegan los bárbaros
 que odian la retórica y los largos discursos.

¿Por qué de pronto esa inquietud
y movimiento? (Cuánta gravedad en los rostros.)
¿Por qué vacía la multitud calles y plazas,
y sombría regresa a sus moradas?

 Porque la noche cae y no llegan los bárbaros.
 Y gente venida desde la frontera
 afirma que ya no hay bárbaros.

¿Y qué será ahora de nosotros sin bárbaros?
Quizá ellos fueran una solución después de todo.

LA CIUDAD

Dices «Iré a otra tierra, hacia otro mar
y una ciudad mejor con certeza hallaré.
Pues cada esfuerzo mío está aquí condenado,
y muere mi corazón
lo mismo que mis pensamientos en esta desolada
languidez.
Donde vuelvo mis ojos sólo veo
las oscuras ruinas de mi vida
y los muchos años que aquí pasé o destruí».
No hallarás otra tierra ni otra mar.
La ciudad irá en ti siempre. Volverás
a las mismas calles. Y en los mismos suburbios
llegará tu vejez;
en la misma casa encanecerás.
Pues la ciudad siempre es la misma. Otra no busques
–no la hay–,
ni caminos ni barco para ti.
La vida que aquí perdiste
la has destruido en toda la tierra.

LOS IDUS DE MARZO

Teme la grandeza, oh alma mía.
Y si no puedes vencer tu ambición,
con dudas y con cautela siempre
secúndala. Cuanto más avances
sé más escrutador y precavido.
Y cuando la cima por fin, oh César, alcances;
cuando figura adquieras de persona famosa,
sobre todo entonces, al pasar por la calle,
con la autoridad de tu séquito,
si por casualidad de entre la masa
se te acercara Artemidoro con un escrito,
diciéndote con impaciencia «Lee esto en seguida,
contiene graves nuevas que te atañen»,
detente; relega
toda conversación o tarea; aléjate
de la gente que ante ti se arrodilla y saluda
(podrás verlos más tarde); que aguarde hasta
el Senado, y sin demora conoce
los graves escritos que te trae Artemidoro.

EL DIOS ABANDONA A ANTONIO

Cuando de pronto a media noche oigas
pasar una invisible compañía
con admirables músicas y voces –
no lamentes tu suerte, tus obras
fracasadas, las ilusiones
de una vida que llorarías en vano.
Como dispuesto desde hace mucho, como un valiente,
saluda, saluda a Alejandría que se aleja.
Y sobre todo no te engañes, nunca digas
que es un sueño, que tus oídos te confunden;
a tan vana esperanza no desciendas.
Como dispuesto desde hace mucho, como un valiente,
como quien digno ha sido de tal ciudad,
acércate a la ventana con firmeza,
escucha con emoción, mas nunca
con lamentos y quejas de cobarde,
goza por vez final los sones,
la música exquisita de esa tropa divina,
y despide, despide a Alejandría que así pierdes.

FIN

En medio del terror y de la sospecha,
con la mente agitada y los ojos asustados,
buscamos soluciones y planeamos qué hacer
para escapar de la segura
amenaza que tan espantosamente nos acecha.
Y sin embargo nos equivocamos, ese no es nuestro
camino;
las noticias eran falsas
(o no escuchamos, no comprendimos bien).
Otro desastre, otro que nunca habíamos pensado,
súbita, tempestuosamente cae sobre nosotros,
y sin darnos tiempo –sin prepararnos– nos arrebata.

JÓNICO

Aunque hayan derribado sus estatuas
y estén proscritos de sus templos,
los dioses viven siempre,
oh tierra de Jonia, y es a ti a quien aman,
a ti a quien añoran todavía.
Cuando sobre ti surgen las mañanas de agosto
el temblor de sus pies atraviesa la atmósfera;
y a veces la imagen de un efebo,
inasible como una sombra alada,
sobre las colinas te toma.

ÍTACA

Si vas a emprender el viaje hacia Ítaca,
pide que tu camino sea largo,
rico en experiencias, en conocimiento.
A Lestrigones y a Cíclopes,
o al airado Poseidón nunca temas,
no hallarás tales seres en tu ruta
si alto es tu pensamiento y limpia
la emoción de tu espíritu y tu cuerpo.
A Lestrigones y a Cíclopes,
ni al fiero Poseidón hallarás nunca,
si no los llevas dentro de tu alma,
si no es tu alma quien ante ti los pone.

Pide que tu camino sea largo.
Que numerosas sean las mañanas de verano
en que con placer, felizmente
arribes a bahías nunca vistas;
detente en los emporios de Fenicia
y adquiere hermosas mercancías,
madreperla y coral, y ámbar y ébano,
perfumes deliciosos y diversos,

cuanto puedas invierte en voluptuosos y delicados
perfumes;
visita muchas ciudades de Egipto
y con avidez aprende de sus sabios.

Ten siempre a Ítaca en la memoria.
Llegar allí es tu meta.
Mas no apresures el viaje.
Mejor que se extienda largos años;
y en tu vejez arribes a la isla
con cuanto hayas ganado en el camino,
sin esperar que Ítaca te enriquezca.

Ítaca te regaló un hermoso viaje.
Sin ella el camino no hubieras emprendido.
Mas ninguna otra cosa puede darte.

Aunque pobre la encuentres, no te engañará Ítaca.
Rico en saber y en vida, como has vuelto,
comprendes ya qué significan las Ítacas.

HERODES ÁTICO

Oh gloria inmensa de Herodes Ático.

Alejandro de Seleucia, uno de nuestros mejores
    sofistas,
llegado a Atenas para conferenciar,
se encontró vacía la ciudad porque Herodes
estaba en el campo. Y toda la juventud
lo había seguido para escucharlo.
De modo que el sofista Alejandro
escribió una carta a Herodes
pidiéndole que mandase a los griegos retornar.
Pero el sutil Herodes le respondió de inmediato:
«Yo regreso y los griegos conmigo» –

Cuántos jóvenes en Alejandría ahora,
en Antioquía, en Beirut
(los oradores de mañana que el mundo griego está
    esperando),
reunidos en selectas asambleas
donde se habla de filosofía
y de la maravilla del amor,
silenciosamente callan absortos.

Dejan a un lado sus copas sin tocarlas,
mientras piensan en la fortuna de Herodes –
¿qué sofista fue nunca digno de esto?–:
hiciese lo que hiciese,
los griegos (¡los griegos!) lo siguen,
no para juzgarlo ni discutirlo,
ni siquiera eligen, simplemente lo siguen.

VUELVE

Vuelve otra vez y tómame,
amada sensación retorna y tómame –
cuando la memoria del cuerpo se despierta,
y un antiguo deseo atraviesa la sangre;
cuando los labios y la piel recuerdan,
cuando las manos sienten que aún te tocan.

Vuelve otra vez y tómame en la noche,
cuando los labios y la piel recuerdan...

CUANTO PUEDAS

Si imposible es hacer tu vida como quieres,
por lo menos esfuérzate
cuanto puedas en esto: no la envilezcas nunca
en contacto excesivo con el mundo,
con una excesiva frivolidad.

No la envilezcas
en el tráfago inútil
o en el necio vacío
de la estupidez cotidiana,
y al cabo te resulte un huésped inoportuno.

QUÉ EXTRAÑO

Es un viejo. Vencido y fatigado,
roto por la edad y los excesos,
que arrastrando sus pasos atraviesa la calle.
A su casa regresa para esconder allí
su vejez y su miseria, y piensa
en todo lo que aún comparte con él la juventud.
Los jóvenes dicen ahora sus versos.
Sus visiones encienden esos ojos.
Sus cuerpos armoniosos y prietos,
su espíritu, su voluptuosa carne,
aún se conmueven con la expresión que él diera a la
belleza.

FUI

Nada me retuvo. Me liberé y fui.
Hacia placeres que estaban
tanto en la realidad como en mi ser,
a través de la noche iluminada.
Y bebí un vino fuerte, como
sólo los audaces beben el placer.

NEGOCIO

Cuidadosamente dispone cada cosa
con bellísimas envolturas de seda verde.

Rubíes como rosas, perlas como lirios,
amatistas violetas. Ama estas cosas

y las juzga bellas; siempre mira y estudia
su naturaleza. Las deja con cuidado en un cofre,

como prueba de su perfecta artesanía y su maestría.
Cuando un comprador entre en su tienda

sacará para vender otras cosas –adornos excelentes–,
brazaletes, collares, cadenas y anillos.

LEJANO

Quisiera revivir este recuerdo...
Pero está extinguido ahora... casi nada subsiste –
yace lejos, en los años de mi adolescencia.

Una piel hecha de jazmines en la noche...
Aquella de agosto –¿fue agosto?– recuerdo apenas...
Aquellos ojos; eran, creo, azules...
Sí, azules: como el zafiro.

TEÓDOTO

Si entre los verdaderos elegidos te cuentas,
mira bien cómo obtienes tu dominio.
Por mucho que te alaben, y se difundan tus proezas
en Italia y Tesalia,
cantándolas por las ciudades,
por muchos honores que decreten
para ti en Roma tus admiradores,
ni tu gozo ni tu éxito permanecerán,
ni superior –verdaderamente superior– habrás de
sentirte,
cuando, en Alejandría, Teódoto te ofrezca,
en bandeja ensangrentada,
la cabeza del desdichado Pompeyo.
Y no pienses que en tu vida
regulada, prosaica, y restringida,
tan dramática y espantosa escena no ha de
producirse.
Quizá en esta misma hora,
en la bien ordenada casa, entre –
sigiloso, como una sombra– Teódoto,
trayéndote tan terrible cabeza.

MAR EN LA MAÑANA

Que me detenga aquí. Que también yo contemple
    por un momento la naturaleza.
Del mar en la mañana y del cielo sin límites
el luminoso azul, la amarilla ribera: estancia
hermosa y grande de la luz.
Que me detenga aquí. Dejadme creer que esto veo
(ciertamente esto vi por un instante cuando aquí me
    detuve);
y no ahora mis sueños,
mi memoria, la rediviva imagen del placer.

JURA

Jura una y otra vez que rehará su vida.
Mas al llegar la noche y sus consejos,
con sus promesas, y sus ofrecimientos;
al llegar la noche con el poder
del cuerpo que desea y exige, al mismo
fatal placer, perdido, se dirige de nuevo.

UNA NOCHE

La habitación era pobre y vulgar,
escondida en los altos de la taberna equívoca.
Desde la ventana se veía la calleja,
estrecha y sucia. Desde abajo
subían las voces de unos cuantos obreros
que distraían su tiempo jugando a las cartas.

Y allí sobre un lecho barato, miserable,
el cuerpo tuve del amor, los labios
voluptuosos y rosados de la embriaguez –
tal embriaguez, que aun ahora
cuando escribo ¡después de tantos años!
en mi casa vacía me embriago de nuevo.

LA BATALLA DE MAGNESIA

Ha perdido su antiguo ánimo, su coraje.
Su cuerpo cansado y enfermo

es ahora su única preocupación. Los años
que le restan los pasará serenamente. Eso al menos
    Filipo

pretende. Esta noche juega a los dados;
tiene ganas de divertirse. Sobre la mesa

se esparcen las rosas. ¿Qué importa que en Magnesia
Antíoco haya sido derrotado? Dicen que allí

ha caído lo mejor de su brillante ejército.
Acaso hayan exagerado; puede no ser verdad todo.

Ojalá. Mas aunque enemigos, eran de nuestra misma
    estirpe.
Un «ojalá» basta. Quizá hasta sea excesivo.

Por supuesto Filipo no detendrá la fiesta.
El tedio de su vida ha durado largo tiempo.

Algo bueno le queda, su memoria no lo abandona.
Recuerda cuánto lloraron en Siria, el dolor

que sintieron cuando fue derrotada la gran madre
Macedonia.
¡Empiece la cena. Esclavos; la música y las antorchas!

MANUEL KOMNENO

El emperador Manuel Komneno
una melancólica mañana de septiembre
sintió próximo su fin. Los astrólogos
(esos asalariados) de la corte insistieron
en que aún le quedaban muchos años de vida.
Sin embargo, mientras ellos hablan, él recuerda
una antigua y piadosa costumbre,
y ordena que de las celdas monacales
traigan hábitos religiosos,
y los viste, alegrándole mostrarse
con el aspecto humilde de un sacerdote o un monje.

Dichosos los que creen,
y acaban como el emperador Manuel sus días,
modestamente revestidos de acuerdo con su fe.

EN LA CALLE

Su atractivo rostro, un poco pálido;
y los ojos castaños, como fatigados;
veinticinco años, aunque aparenta mejor veinte;
algo le da en su atuendo vago aire de artista
–la corbata tal vez, o la forma del cuello–;
marcha sin fin preciso por la calle,
como poseído todavía del placer ilegal,
del prohibido amor que acaba de ser suyo.

CUANDO APAREZCAN

Trata de asirlas, poeta,
aunque no consigas retenerlas,
esas visiones eróticas.
Sitúalas, veladas, en tus versos.
Trata de asirlas, poeta,
cuando aparezcan en tu cerebro
a medianoche, o en el brillo del mediodía.

EN UNA CIUDAD DE OSROENE

De una pelea de taberna me trajeron herido
al amado Rémona, ayer a medianoche.
Por la abierta ventana
la claridad de la luna iluminaba su cuerpo.
Somos una raza mixta aquí: sirios, griegos, armenios,
persas.
De ella es Rémona. Pero ayer cuando iluminaba
la luna sobre su carne hecha para el amor,
nuestro espíritu hacia el Cármides de Platón
retornaba.

AL ATARDECER

De cualquier forma aquellas cosas no hubieran
  durado mucho. La experiencia
de los años así lo enseña. Mas qué bruscamente
todo cambió.
Corta fue la hermosa vida.
Pero qué poderosos los perfumes,
en qué lechos espléndidos caímos,
a qué placeres dimos nuestros cuerpos.

Un eco de aquellos días de placer,
un eco de aquellos días volvió a mí,
las cenizas del fuego de nuestra juventud;
en mis manos cogí de nuevo una carta,
y leí y volví a leer hasta que se desvaneció la luz.

Y melancólicamente salí al balcón –
salí para distraer mis pensamientos mirando
un poco la ciudad que amo,
un poco del bullicio de sus calles y sus tiendas.

TUMBA DE IGNACIO

Aquí no soy ya Kleon de quien tanto se hablaba
en Alejandría (donde es raro el asombro)
por mis espléndidos jardines, la riqueza de mi casa,
y mis caballos, carruajes,
mis diamantes y las sedas que eran mi costumbre.
Lejos todo aquello: aquí ya no soy Kleon;
desaparezcan sus veintiocho años.
Soy Ignacio, un lector de la Iglesia, y aunque tarde
volví a mi ser. Feliz viví diez meses
en la serenidad y la paz de Cristo.

CONTEMPLÉ TANTO

Contemplé tanto la belleza,
que mi visión le pertenece.

Líneas del cuerpo. Labios rojos. Sensuales miembros.
Cabellos como copiados de las estatuas griegas;
hermosos siempre, incluso despeinados,
y caídos apenas, sobre las blancas sienes.
Rostros del amor, tal como los deseaba
mi poesía... en mis noches juveniles,
en mis noches ocultas, encontradas...

DÍAS DE 1903

Nunca lo tendré de nuevo –todo aquello que tan
pronto perdí...
los poéticos ojos, el pálido
rostro... en la penumbra de la calle...

Nunca tendré de nuevo –lo que la muerte me ofreció,
lo que tan fácilmente abandoné;
y que más tarde tanto desearía hasta sufrir.
Los poéticos ojos, el pálido rostro,
nunca hallaré de nuevo aquellos labios.

VOLUPTUOSIDAD

La delicia y el perfume de mi vida es la memoria de
esas horas
en que encontré y retuve el placer tal como lo deseaba.
Delicias y perfumes de mi vida, para mí que odié
los goces y los amores rutinarios.

CESARIÓN

En parte para verificar las descripciones de un período,
en parte para distraerme un rato,
anoche cogí y comencé a leer
un volumen de epígrafes de Ptolomeo.
Las exageradas loas y alabanzas
son siempre iguales. La gloria sucede a la gloria,
todos famosos, fuertes, llenos de nobles hazañas;
cada uno de sus actos la cumbre de la sabiduría.
E igual con respecto a las mujeres,
cada una posee la fama de Berenice o de Cleopatra.
Cuando hube rememorado mis recuerdos del
período,
habría dejado caer el libro
si una breve e insignificante referencia de Cesarión
no me hubiese inmediatamente detenido.

Ah, ahí estás, con tu indefinido
encanto. En la historia hay tan sólo
unas pocas líneas sobre ti,
de modo que puedo moldearte más libremente en mi
pensamiento.
Puedo hacerte bello y sensual.

Mi arte da a tu rostro
un atractivo bello y soñador.

Y tan completamente te he imaginado,
que ayer tarde cuando se apagó
mi lámpara –la dejé apagarse–
creí que entrabas en mi aposento,
parecías estar de pie frente a mí como cuando
entraste en Alejandría al ser conquistada,
pálido y cansado, idealizado en tu dolor,
aún esperando que tendrían piedad de ti
los más bajos –aquellos que murmuraban «Demasiados
Césares».

EN UN PUERTO

A Emes, joven de veintiocho años, un navío tenio
trajo a este puerto sirio
para que aprendiese el comercio del incienso.
Enfermó durante el viaje. Y desembarcando
aquí, murió al pisar tierra. Fue pobremente
enterrado. Pocas horas antes había
susurrado dulcemente «casa» y «viejos padres».
Mas nadie supo nunca quiénes eran,
ni cuál su ciudad en el gran mundo griego.
Es el mal menor. Porque mientras aquí
en este pequeño puerto yace en paz,
sus padres guardan la esperanza de que aún vive.

RECUERDA, CUERPO...

Recuerda, cuerpo, no sólo cuánto fuiste amado,
no solamente en qué lechos estuviste,
sino también aquellos deseos de ti
que en otros ojos viste brillar
y temblaron en otras voces – y que humilló
la suerte.
Ahora que todos ellos son cosa del pasado
casi parece como si hubieras satisfecho
aquellos deseos – cómo ardían,
recuerda, en los ojos que te contemplaban;
cómo temblaban por ti, en las voces, recuerda, cuerpo.

COMPRENSIÓN

Los años de mi juventud, mi vida voluptuosa –
qué claramente veo su significado.

Qué vanos remordimientos, qué innecesarios...

Mas no podía entonces comprenderlo.

En el fondo de mi vida joven y disoluta
hallaron forma las imágenes de mi poesía,
se gestaba el alcance de mi arte.

Por ello mis enmiendas fueron tan inconstantes.
Mis resoluciones de continencia, de cambiar,
duraban dos semanas como máximo.

DESDE LAS NUEVE...

Doce y media. Rápidamente el tiempo ha pasado
desde las nueve cuando encendí mi lámpara
y me senté aquí. Estoy sentado sin leer
ni hablar. A quién podría hablar
en la casa vacía.

La imagen de mi cuerpo joven,
cuando encendí mi lámpara a las nueve,
vino a mi encuentro despertando un perfume
de cámaras cerradas
y pasado placer – ¡qué audaz placer!
También trajo a mis ojos
calles ahora no reconocibles,
lugares de otro tiempo donde la vida ardió,
teatros y cafés que una vez fueron.

La imagen de mi cuerpo joven
volvió y me trajo también memorias tristes:
las penas familiares, los adioses,
los sentimientos de los míos, los sentimientos
apenas atendidos de los muertos.

Doce y media. Cómo pasan las horas.
Doce y media. Cómo pasan los años.

ARISTÓBULOS

Llora todo el palacio, llora el rey,
desconsolado se lamenta el rey Herodes,
toda la ciudad llora por Aristóbulos,
tan injustamente ahogado
mientras jugaba con sus amigos en el agua.

Cuando se sepa en otras partes,
cuando a Siria llegue la noticia,
muchos griegos habrán de lamentarse;
todos los escultores y poetas se entristecerán.
Muy bien a Aristóbulos conocían
y su admiración por cualquier joven
nunca llegó tan alto como ante la belleza de este
muchacho.
Qué estatua de un dios en Antioquía es tan
espléndida
como fuera este hijo de Israel.

Se lamenta y llora la Gran Princesa,
su madre, la primera de las mujeres judías.
Se lamenta y llora Alejandra la desgracia.–
Y una vez que está a solas su dolor se libera.
Grita; delira; injuria; maldice.

¡Cómo la engañaron! ¡Cuánto le han robado!
¡Cómo por fin han alcanzado sus propósitos!
Arruinando la casa de los Asamonitas.
Cómo logró su propósito ese perverso rey,
ese traidor, vil, ese asesino.

Cómo logró sus fines. Qué complot infernal
que ni siquiera Mariam se ha dado cuenta.
Si Mariam hubiera notado algo, si hubiera
sospechado,
habría encontrado forma de salvar a su hermano;
ella es la reina, podía haber hecho algo.

Cómo se reirán y celebrarán el triunfo secretamente
esas envidiosas, Kipros y Salomé;
esas prostitutas, Kipros y Salomé.–
Y no poder hacer nada, que esté obligada
a fingir que cree sus mentiras;
y que no pueda recurrir a su pueblo,
ir y llamar a gritos a los judíos,
y decirles, decirles que un crimen ha sido cometido.

EMILIANO MONÆ, ALEJANDRINO
628–655 d.C.

Con educación, aspecto y estudiadas palabras
me haré una sólida armadura;
con ella me enfrentaré a los malvados
sin temor ni flaqueza.

Querrán hacerme daño. Mas no sabrá
nadie de cuantos se me acerquen
dónde están mis heridas, mi punto vulnerable,
bajo las apariencias que me cubran.

– Palabras jactanciosas de Emiliano Monæ.
¿Alguna vez hízose tal armadura?
No la usó desde luego mucho tiempo.
A los veintisiete años murió en Sicilia.

HIJO DE HEBREOS
50 d.C.

Pintor y poeta, corredor y discóbolo,
bello como Endimión, así era Jantes, hijo de
Antonio.
De familia adicta a la Sinagoga.

«Mis días más preciados son aquellos
en que abandono la búsqueda estética,
en que dejo el hermoso y rígido helenismo,
con su obsesiva preocupación
por la belleza de los miembros blancos y
perfectamente dibujados.
Y me convierto en uno de aquellos a los que
siempre quise pertenecer; los hebreos, los elegidos
hebreos.»

Declaración demasiado ardiente. «Siempre
a los hebreos, a los elegidos hebreos–.»

Sin embargo no persistió mucho tiempo en esta idea.
El Hedonismo y el Arte de Alejandría
lo consagraron como a uno de los suyos.

JÓVENES DE SIDÓN
400 d.C.

El actor que hicieron venir para que los divirtiese
recitó algunos epigramas de exquisita elección.

La sala se abría sobre los jardines;
y flotaba una delicada fragancia de flores
que era una con la
de los cinco adolescentes perfumados de Sidón.

Se leyeron cosas de Meleagro, y de Krinagoras, y de
Rianos.
Pero cuando el actor dijo:
«Aquí reposa el ateniense Esquijo hijo de Euforion» –
(quizá subrayando más de lo debido
al recitar, lo de «insigne valor» y «bosque sagrado
de Maratón»,
saltó un impulsivo joven, fanático de la literatura, y
gritó:

«Ah ese cuarteto no lo apruebo en absoluto.
Tal expresión parece traducir un lamento.
Da a tu obra toda tu fuerza,
todo tu amor, y recuerda siempre tu oficio,

sobre todo en la desgracia o cuando tu suerte decline.
Eso es lo que espero y de ti exijo.
No condenes en tu pensamiento el verbo
de la Tragedia sublime –
Agamenón, el incomparable Prometeo,
Orestes, el gesto de Casandra,
los Siete contra Tebas – y no pidas otra memoria
que saber que, como un soldado más, alguna vez
cruzaste el hierro con Dati y Artaferme».

FAVOR DE ALEJANDRO BALAS

Oh qué importa que una rueda partida
en mi carro me haga renunciar a la victoria.
Con excelentes vinos y bajo amadas rosaledas
humedeceré las horas de la noche. Antioquía me
pertenece.
Soy el más admirado de sus jóvenes.
Soy la debilidad de Balas, su idolatría.
Mañana dirán que fue injusto el resultado de la
carrera.
(Pero, incluso si tuviera el mal gusto de exigirlo,
mis cantores dirían que, aun con una rueda rota, mi
carro llegó el primero.)

EL ORIGEN

Han satisfecho su placer
prohibido. Y del lecho se levantan,
vistiéndose apresuradamente sin hablarse.
Abandonan por separado, furtivamente la casa; y
mientras
caminan algo inquietos por las calles, parece
como si sospecharan que algo en ellos traiciona
en qué clase de lecho cayeron hace poco.

Pero cuánto ha ganado la vida del artista.
Mañana, otro día, años después escritos serán
los versos vigorosos que aquí tuvieron su principio.

MELANCOLÍA DE JASÓN,
HIJO DE CLEANDRO, POETA DE KOMAGENE
595 d.C.

El envejecimiento de mi cuerpo y su apariencia
son heridas de terrible puñal.
Resignación no tengo.
A ti recurro oh Arte de la Poesía,
pues algo sabes de remedios;
tentativas de envolver el dolor en la Imaginación y la
Palabra.

Son heridas de terrible puñal. –
Ahora tráeme oh Arte de la Poesía
tus consuelos para que –aunque sólo sea por un
instante– no perciba la herida.

TEATRO DE SIDÓN
400 d.C.

Hijo de un ciudadano respetable,   con mi juventud
entregada al teatro,   agradable en muchos
    aspectos,
de vez en cuando escribo   en lengua griega
versos muy atrevidos,   que hago circular
anónimamente, por supuesto   –¡Oh dioses! que no
    los vean
esos enlutados,   esos moralistas–.
Versos que cantan el placer   de la sensualidad,
el eco de esos estériles amores   que ellos repudian.

DESESPERACIÓN

Perdido para siempre.   Y por eso busca ahora
en los labios de   cada nuevo amante
sus labios;   en el abrazo
de cada nuevo amante   perderse
como en aquél,   quien a él se entregaba.

Perdido para siempre,   como si nunca hubiera sido.
Deseaba –había dicho–   liberarse
de la marca   del placer enfermizo;
de la marca   del vergonzoso placer.
Aún era tiempo   –decía– para salvarse.

Perdido para siempre,   como si nunca hubiera sido.
Sus ilusiones,   su fantasía,
en los labios de otros jóvenes   buscan los suyos;
sentir de nuevo   aquel antiguo amor.

ANTES DE QUE EL TIEMPO LO CAMBIE

Grande fue su dolor   cuando tuvieron que separarse.
No querían;   pero así fueron las circunstancias.
La necesidad   obligó a uno de ellos
a irse lejos –   New York o Canadá.
Su amor no era ya ciertamente   lo que antes había
sido;
porque el deseo   lentamente fue a menos,
porque el deseo   lentamente moría.
Pero separarse,   ninguno lo quería.
Las circunstancias obligaban.   – Quizás convertido
en artista
el destino ahora   los separaba
con emoción,   antes de que el tiempo los hubiera
cambiado;
el uno para el otro   serían así como habían sido,
los bellos muchachos   de veinticuatro años.

SACERDOTE DE SERAPIS

Lloro por mi padre, aquel buen viejo
que siempre me amó;
por mi padre, aquel buen viejo
que ha muerto antes del alba.

Mi diario esfuerzo, oh Jesucristo,
es observar las reglas de tu santa iglesia
en todas mis acciones, en cada palabra
y en cada pensamiento,
cada día. Y me aparto de aquellos
que de tu nombre niegan. Pero ahora me lamento
y lloro, oh Cristo, por mi padre,
aunque fue –qué terrible decirlo–
sacerdote de la execrable Serapis.

DÍAS DE 1901

Lo verdaderamente excepcional en él
es que a pesar de su vida disoluta
y de su larga experiencia en el amor,
sin que su aspecto dejase de estar
perfectamente acorde con su edad,
había momentos –aunque ciertamente
raros– en que daba
la impresión de una carne casi intacta.

La belleza de sus veintinueve años
que tanta voluptuosidad provocara,
recordaba de pronto extrañamente
a un efebo que –con cierta torpeza– al amor
por vez primera rinde su cuerpo intocado.

EN EL MISMO LUGAR

Alrededores de la casa, mi barrio, vecindades
que contemplo y por donde camino; hace ya tantos
años.

Con alegría o con dolor os he creado:
con tantos acontecimientos, con tantas cosas.
Y todos tus sentimientos eran para mí.

DÍAS DE 1908

Aquel año se encontraba sin trabajo;
y ganaba su vida jugando a las cartas,
o a los dados, y pidiendo prestado.

Un empleo, de tres libras al mes, le había sido
ofrecido en una papelería.
Pero no lo aceptó.
No era para él. Un salario tan bajo
para un joven bien educado, y con veinticinco años.

Con dos o tres chelines diarios podía vivir.
No era difícil obtenerlos de las cartas o los dados,
en aquellos cafés suyos, populares,
jugando con astucia y estúpidos compañeros.
Pero acumulaba deudas.
Pocas veces ganaba un tálero, y con frecuencia
tan sólo un chelín.

Cada semana, o algunos días al mes,
sobre todo aquéllos en que no había estado toda la
    noche en vela,
se refrescaba con un baño en el mar por la mañana.

Vestía miserablemente.

Llevaba siempre el mismo traje, uno marrón
muy raído y ya sin color.

Oh días estivales de 1908,
en vuestra imagen, como obsequio a la belleza,
aquel traje marrón y raído no permanece.

Vuestra imagen lo ha preservado
devolviéndolo tal como apareció al quitarse aquellas
prendas,
cuando tiró lejos el mísero traje y la zurcida ropa
interior.
Quedando desnudo; por completo; sin defectos;
sus hermosos miembros bronceados
en la desnudez matinal de aquella playa.

¿Cuántos libros sueles comprar al año? …

¿Dónde has adquirido este libro?
☐ Librería ☐ Quiosco ☐ Grandes superficies ☐ Otros

¿Cómo has conocido la colección?
☐ TV ☐ Prensa ☐ Amigos
☐ Librería ☐ Quiosco ☐ Otros …

¿Te gusta la portada de los libros? ☐ Sí ☐ No
¿Te gusta el formato de los libros? ☐ Sí ☐ No

Indica cuál de estos factores te han influido más a la hora de comprar el libro:
☐ Precio ☐ Autor ☐ Contenido ☐ Presentación

¿Has comprado otros títulos de la colección?
☐ Sí ☐ No ¿Cuántos? …

☐ Hombre ☐ Mujer

Edad:
☐ 13-17 ☐ 18-24 ☐ 25-34
☐ 35-44 ☐ 45-54 ☐ más de 54

Estudios:
☐ Primarios ☐ Secundarios ☐ Universitarios

Si deseas recibir más información sobre esta colección, envíanos tus datos a **Mondadori**, calle Aragón, 385, 08013 Barcelona.

Apellidos ______________________ Nombre ______
Calle _________________________ nº ___ piso ___
Población _____________________________ c.p. ____
Provincia ____

Los datos recogidos en este cuestionario son confidenciales. Tienes derecho a acceder a ellos para actualizarlos o anularlos.